小鳥たちからのプレゼント

佐伯　道子　詩集

佐伯　眞人　絵

JUNIOR POEM SERIES

もくじ

Ⅰ　わたしのあした

Ⅱ　花　ひとり

Ⅲ　小鳥たちからのプレゼント

Ⅰ　わたしのあした

あしたは

きょう
わたしは　はいいろだった
きのうまでの　わたしに
はいいろが　加《くわ》わった

あした
わたしの　あした
きれいないろに　なるといいな

わたしの　あした
つくるのは　わたし
わたしの　あしたの
主役《しゅやく》は　わたし

わたしの　まわりには
わたしを　こまらせるものもあり
わたしを　助《たす》けてくれる人もいて
わたしは　あしたという舞《ぶ》台《たい》で
わたしの　あしたを　つくる
わたしを　つくる
あしたの　わたし
なにいろに　なるだろう

まいにち　まいにち
いろんないろが　とけ
わたしの　いろが
できあがっていく

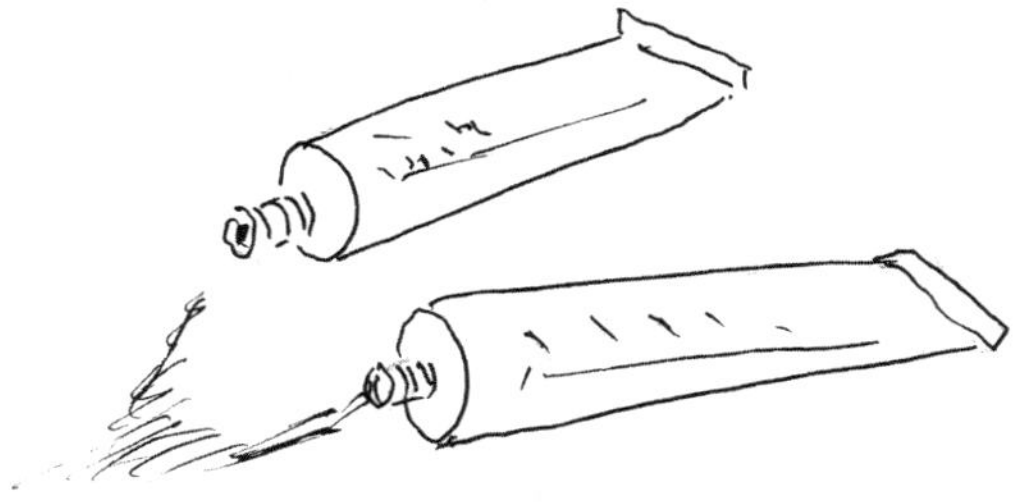

世界《せかい》でひとりのわたし

わたし
わたしって?

わたしをとりまく世界に
わたしは
わたしでいる
ほかの誰《だれ》ともちがって
世界でただひとりの
わたしでいる

どんなわたしになりたい？
わたしは
なりたいわたしを追いかける
思いどおりの
わたしになれたらいいな

きょうのわたし

きょうのわたし
いやなわたしに　なっちゃった
こんなわたし　きらいなのに

わたしが
わたしのこと　きらい
どうしたらいい　わたし
なみだの空に
白い雲が
風に乗って泳《およ》いでいる

あっ
足もとに　黄色いタンポポ

わたし
ころんじゃった
目のまえに　タンポポの花
よかった
ふまなかった
空を見上げたら
白い雲が
わたしを　見ていたよ

わたし
少しだけ
わたしが好きになった

あした行きの列車《れっしゃ》

朝
あした行きの列車《れっしゃ》がやってくる
わたしは
きょうを集める
旅行カバンを持って
あした行きの列車に乗る

あした行きの列車に乗ったら
わたしを造《つく》るいろいろを
途中下車《とちゅうげしゃ》して探《さが》し出《だ》す
あれやこれや見つけたら
旅行カバンに

しまいこむ

あした行きの列車に乗ったら
きのう行きの列車に
乗り換えることはできない
だって
きのう行きの列車は
走ってこないから

夜
列車を降りる
きょうを詰《つ》めた旅行カバン
おやすみなさい
あしたまた
あした行きの列車がやってくる

みんなの空

空
世界を見わたしている
みんなの空

わたしはうれしいとき
空を見る
悲《かな》しいときは
なみだのなかに空を見る
おこっているとき
ぐっとにらんで空を見る
空は
見上げたわたしの気持ちを

空いっぱいに広げて答《こた》えてくれる

きょうの空
遠《とお》くまで青い空
いやなことがあったけど
青い空は
見上げたわたしだけの空になって
わたしをはげましてくれた
わたしの心によりそって
わたしだけの空になった

でも
わたしだけの空のときだって
空は
みんなの空でいることをやめない

雨戸を開けたら

雨戸が閉《し》まっている
開けないんだ

いつまでも
雨戸を閉めて
太陽《たいよう》をしめだしても
きょうは
やってくる

開けるんだ
きのうをクリアしたじゃないか
ひとりぼっちじゃない
いちばんの味方《みかた》は
ほら
雨戸を開けたら
とびこんでくる

続《つづ》いていく

いつのまにか
春になっていた
今は春まっさかり
そして
いつか春は過ぎ去っていった

わたし
生まれたときから
わたしは始《はじ》まっている
うれしいことがあって
楽《たの》しいことがあって
悲《かな》しいこともあって

怒《おこ》ることもある
夢中《むちゅう》になったり
あきてしまったり
ただぼんやりしていたり
そんなわたしの毎日が
編《あ》みこむようにつながって
わたしをつくっていく

いつのまにか
冬になっていた
いろんな一年積《つ》みこんで
また新しい春がやってくる
始《はじ》まりは
……続いていく

ふわふわ雲《ぐも》　ふたつ

窓《まど》をあけたら
空の青が　とびこんできた
真《ま》っ白いふわふわ雲が
ふたつ
風にのって　泳《およ》いでいる

ぐんぐん先を急ぐのは
大きいふわふわ雲
あとからついていく
小さいふわふわ雲
どうして
大きい雲と

いっしょにならないの？

小さいふわふわ雲は
あとから　のんびり
ついていきたいんだ
ひとりで
自分の好きなように
青い空を　泳いでいきたいんだ

小さいふわふわ雲は
たぶん　気がついていない
きょうの青い空には
大きいふわふわ雲だけでなく
小さいふわふわ雲があったほうが
ずっと似合《にあ》っていることを

空模様《もよう》

雨が降《ふ》っている
きょうは晴れてほしかった

きょうもまた晴れ
雨　降ってよ
植物《しょくぶつ》が悲鳴《ひめい》をあげてる

空模様
雨が降ったり
晴れが続《つづ》いたり
だれの都合《つごう》も

考えていないんだ
だから　考えるんだ
どうしたらいいかと
みんなで考えるんだ
こうしたらどうかと

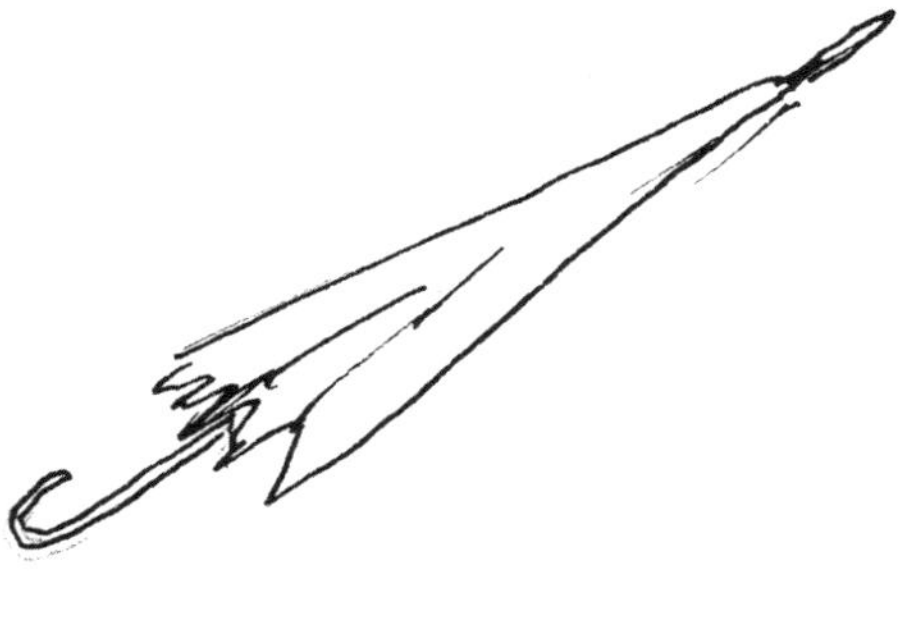

行方《ゆくえ》

青空に
真《ま》っ白いひとすじ
飛行機雲《ひこうきぐも》だ

バスを待つあいだに
飛行機雲は
幅広《はばひろ》い帯《おび》になって
青い空が透《す》けて見える

バスが来た
飛行機雲はもう
かすれていって
ずっと見ていたのに消《き》えた
いったい　どこに消えた

座席《ざせき》から空を見上げる
あの飛行機雲
どこに行ったんだろう

春の朝

波《なみ》うちぎわで
青いかけらを見つけました
波にまわりをけずられて
楕円形《だえんけい》になった青いかけら
てのひらに
すっぽり入ってしまいます

拾《ひろ》ったかけらで
海を見たら
かけらは海の青になりました
空を見たら
かけらは空の青になりました

にいちゃんはいいました
「ガラスのびんのかけらだろ」
「ちがう　ふしぎな青いかけら」
わたしがおこると
にいちゃんはにげだしました
青いかけらで
にいちゃんを見たら
動く影《かげ》が
小さくなっていきます
「待って　待って　にいちゃん」
わたしは
青いかけらをにぎりしめて
にいちゃんを追《お》いかけました

時間

まだ
終《お》わってない
あしたまでなのに
時間の過《す》ぎるのが速《はや》すぎる
あしたは
走って
やってくる

さあ
準備《じゅんび》は万全《ばんぜん》だ
はやく来るといいな
待《ま》ち遠《どお》しいあしたは
ゆっくり
やってくる

決《き》める

どうしたらいい？
迷《まよ》います
迷うのは
道がいろいろあるっていうこと？
みんな
いっしょに考えてくれました
いろいろヒントをくれました
でも「決めるのはあなたよ」って

迷い道
どの道を選《えら》ぼうか
自分の道は
自分で決める

いってみよう
ひきかえそう
ひとやすみしよう
いそがなくたっていいんだ

街《まち》で

おかあさんと手をつないだ男の子
　テン　テン
　　　　ピョン
色ちがいの敷石《しきいし》を
ルールをきめて
跳《と》んでいる

テン　テン
　　ピョン
テン　テン
　　ピョン
（あら　わたしも同じ跳びかただ）
わたしも心で
いっしょに跳んだ
テン　テン
　　ピョン

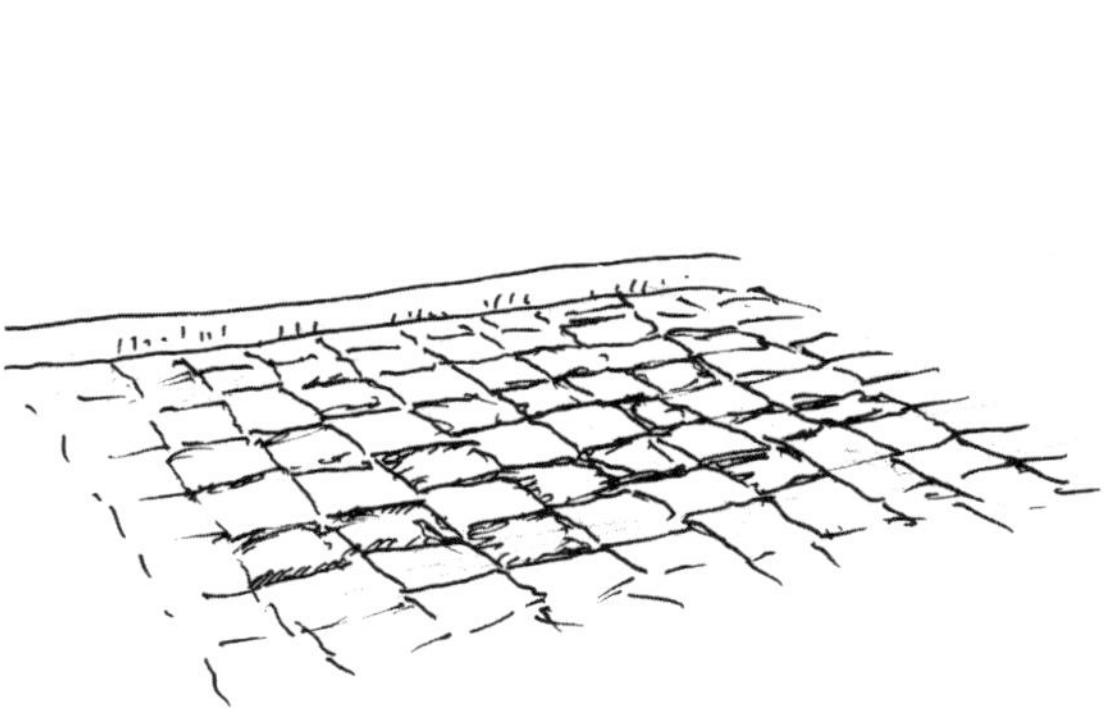

うわさ

このはなし
だれかから　はじまって
あのね
あのね　って
次から次へ　つながって
わたしのところに　やってきた

ほんの小さな悪口《わるぐち》が
つながるたびに
おまけがついて
ほんとの

悪口になってしまった
このはなし
だれにも　つなげない
わたしで　おしまい

まっくら

まっくら
まっくらって
なんだか怖《こわ》い
おばけなんかいない
悪者《わるもの》はかくれていないって
わかっていても

見ようとしても
まっくらでは
なにも見えない
ただ　それだけのこと

それでも
くらやみにはいると
どきどきする
おもわず手をのばして
なにかに
すがろうとする

ふたり

知《し》らない道を歩いていた
トンネルだ

「行ってみようか」
「行ってみよう」

「暗《くら》いね」
「暗いさ　トンネルだもの」

「手をつなごうよ」
「離《はな》さないでね」

「まっくらだよ　いやだな」

「まっくらだね　こわいよ」

「あ　むこうに！」

「見えたよ！」

「きっと　出口だ」

「ぜったい　出口だね」

「ほうらね」

「出られたね」

Ⅱ　花ひとり

花　ひとり

「あらっ」
わたしのそばで
足をとめる
ほほえんで
わたしに　はなしかける

目がさめたとき
わたしはおどろいた
まわりはみんな
ねむっている
わたしは
咲《さ》くときを　まちがえたんだ

足音がとまった
「ほうっ　咲いてるよ」
立ち止まって
わたしを
ほめてくれた

パンジー

プランターのすみっこに
一番あとから芽をだしたパンジー
ゆっくりゆっくり
伸《の》びていく

まわりのパンジーたち
みんな咲《さ》いている
まだまだ小さいすみっこパンジー
あきらめないよ
ぜったい咲くんだ

すみっこパンジー
咲いた
小さい花だけど
だれよりも青い色で

菜《な》の花畑《はなばたけ》で

チョウが舞《ま》う
モンシロチョウと
　モンシロチョウ
近づいたり
離《はな》れたり
くるくる追《お》いかけ
なかよしダンス

ちがうんだって
あれは争《あらそ》っているんだって
あんなに

楽《たの》しそうに見えるのに
ダンスは終《お》わり
さよならして
とんでいった
争いは
終わったんだ

アネモネ

あのアネモネが
咲《さ》いていました

つらかった去年《きょねん》の春
花屋の店先で
わたしをとらえた
鉢植《はちう》えの青いアネモネ

花が終《お》わって
葉《は》も枯《か》れて
アネモネの鉢《はち》は
庭のすみに

かたづけられました

今年
わたしは
アネモネのことを
すっかり忘《わす》れていました

そのアネモネが
咲きました
花屋にならぶ予定《よてい》もないのに
だれも見ないかもしれないのに
アネモネは
青い花びらを
ゆらしています
『わたしは　アネモネ』と

シクラメン

店先にならんだ　シクラメン
選《えら》ばれるのを
じっと
待《ま》っていた

「これにしよう」
選ばれて
わたしの家にきた
日当たりのいい窓辺《まどべ》で
うちのシクラメンになって
咲《さ》いている

ギンリョウソウ

雨上がりの林の散歩道《さんぽみち》
足もとにいました
小さな白い妖精《ようせい》
――あっ　これって
　ギンリョウソウ

写真《しゃしん》で知《し》っていました
ギンリョウソウ
またの名をユウレイタケ
見つけたとき
すぐにわかりました
はじめて出会ったのに

すぐにわかりました
ギンリョウソウ
ユウレイタケ
どっちの名前がいいですか

どっちでもいいよ
名前があるということは
わたしの存在《そんざい》が
知られているということだもの

白い妖精は
雨上がりの林のなかで
りんとして
胸《むね》をはっていました

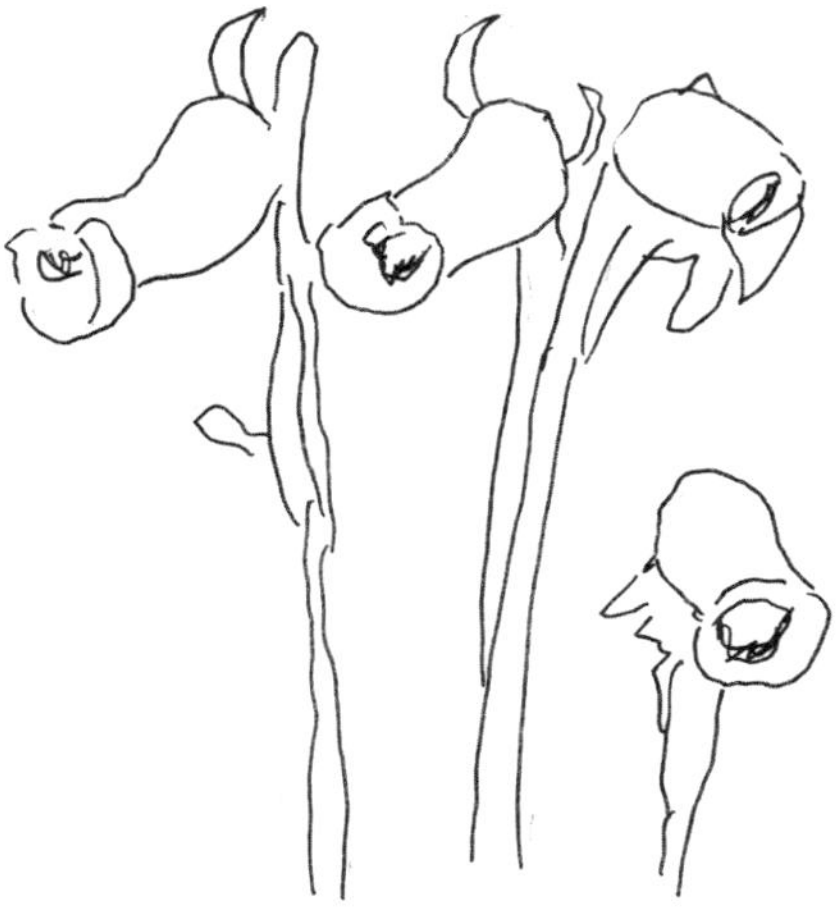

落《お》ち葉《ば》

カラカラと音をたてて
落ち葉は
転《ころ》がる

太い木に問《と》う
「葉《は》っぱをみんな落として
　だいじょうぶ？」
太い木は答《こた》える
「だいじょうぶさ
　次の春には次の葉がでてくる」

でも
今年の葉っぱは
もう　さよならだ
なんだか
さびしい

Ⅲ　小鳥たちからのプレゼント

ナンテン

クチナシの根元《ねもと》
ナンテンが赤い実をつけた
こんな庭《にわ》のすみっこに
だれが植えたんだろう
「ヒヨドリよ」
おばあちゃんがいった
「クチナシを植えたのも　ヒヨドリさん」
ヒヨドリのオトシモノなんだって
庭で遊んだあと
落《お》としていったんだ
家の庭だけじゃない

野《の》にも山にも
遊んだ小鳥たちからの
プレゼントがいっぱい

ほら
ヒヨドリが飛《と》んできた

心のトビラ

はいいろのモヤモヤが
いっぱいになって
心のトビラを閉《と》じてしまった
息苦《いきぐる》しくなって
ほんの少し窓を開《あ》けると
風がささやいた
――森へ行ってごらん

緑《みどり》あふれる森のなか
ひとすじの木道《もくどう》が
森の奥《おく》へいざなう

青い空も見えない深《ふか》い森
小鳥が先へ先へと案内《あんない》してくれる

セミの声にそのすがたを探《さが》す
小さな流《なが》れでは魚が遊んでいた
すれちがう人が「こんにちは」
わたしも「こんにちは」
心のトビラは
きっと開《ひら》きはじめる

木道を出るとき
深呼吸《しんこきゅう》したら
緑色の大気が
胸《むね》いっぱいに満《み》ちていた

大空で

向こうから
近づいてくる大きな翼《つばさ》

一羽のカラスがさけぶ
「オオタカだ　みんな集《あつ》まれ」
集まったカラスたちは
オオタカを囲《かこ》んで
追《お》いまわす
「ここはカラスのすみかだ」
「出ていけ　出ていけ」

とうとう
オオタカは飛《と》び去《さ》った
大空の争《あらそ》い
だれも
けがをしなかったけど……

出窓《でまど》の猫《ねこ》

窓の外を
女の子たちが通《とお》った
「かわいい　こっち向いて」
猫は
目を細《ほそ》めて
おなかに　顔をうずめた
柿《かき》の木で
スズメが遊んでる
猫は
目を見張《は》って

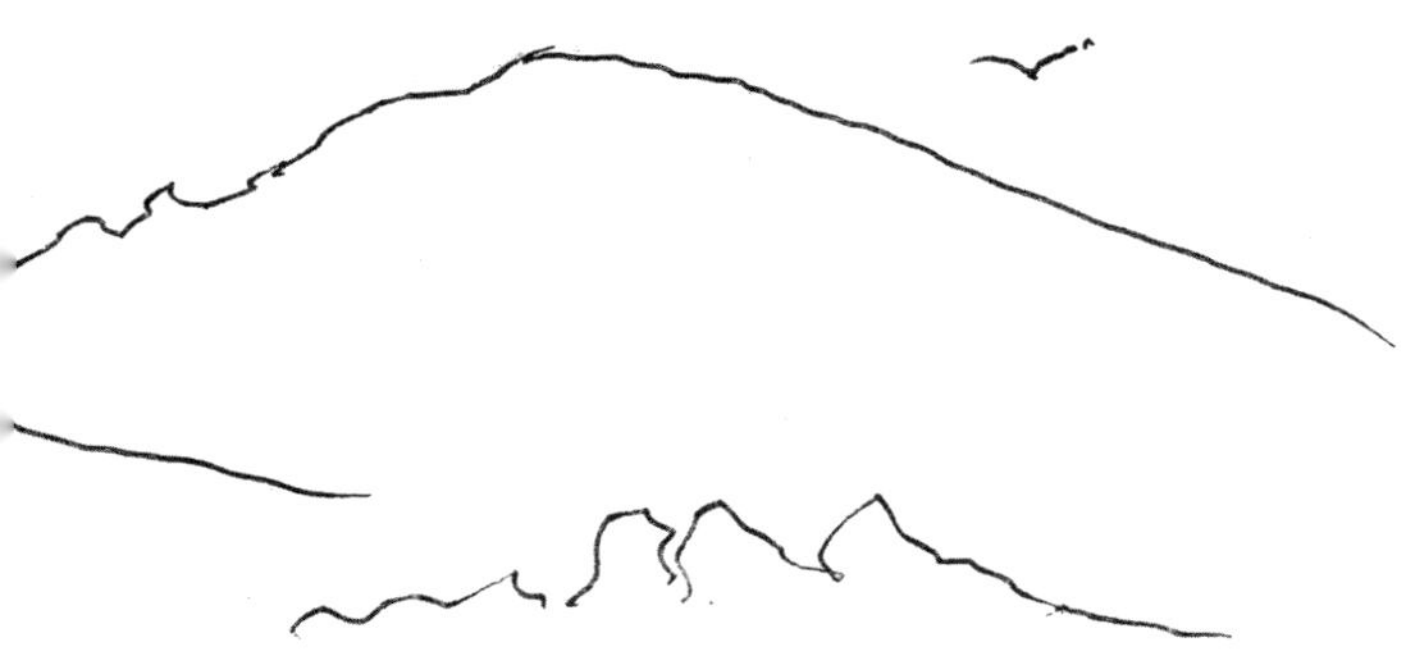

スズメを追っている
だれも通らない
猫は
遠《とお》くの山を
じっと
見つめている

ヒヨドリと

ベリーの実《み》が赤くなりました

ピピッ　ピーヨ
ヒヨドリの喜《よろこ》びの声
（あした　友だち連れて来《こ》よう）
わたし
赤い実をぜんぶ　摘《つ》みとりました

次の日
ピピッ　ピーヨ
ピピピッ　ピーヨ

ヒヨドリはおおさわぎ
ない
ないっ
ないっ
友だち連れてきたのに
ない

わたしは　カーテンのすきまから
そっとのぞいていました
わたしが植《う》えたベリーだもの
わたしは悪くないもん

窓をあけたら

だれにも　会いたくない
なんにも　したくない

窓のそとで
小鳥が歌ってる
「出ておいで　出ておいで
　ふしぎの森だよ　チチチチ　チチチ」
わたしを誘《さそ》ってる
あ
小鳥の声が　遠《とお》ざかっていく
わたしは

いそいで　窓をあけた

窓をあけたら
通《とお》りかかった女の人が
「こんにちは」って
わたしも
「こんにちは」って
「こんにちは」って　いえた

カマキリ　1

チョウがとんできた
草にかくれて
カマキリがいる
じっと
身動《みうご》きもしないで
草になりきって待っている

わたしが一歩近《ちか》づくと
カマキリは
三角あたまを
くいっとふりむかせて

わたしをにらんだ
じゃまをするのは誰《だれ》だ？
真剣《しんけん》な表情《ひょうじょう》に
わたしは
あとずさりした

カマキリ　2

緑色《みどりいろ》の草になりきって
獲物《えもの》を
待っている
そっと草をわけてのぞいたら
小さい三角のあたまが
くいっとふりむいた

すばやい動《うご》き
「おまえ　じゃまするなよ」
と　全身《ぜんしん》でおどかす
小さいカマキリの

からだいっぱいの緊張《きんちょう》
気力で負《ま》けた
じゃましないよ
カマキリ
きみの気迫《きはく》に
脱帽《だつぼう》だ

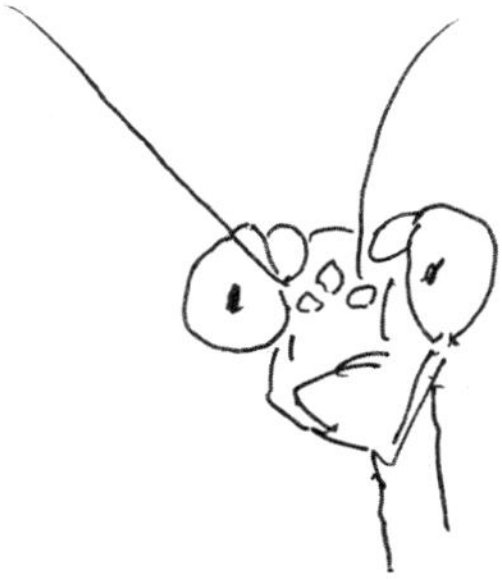

いのちの時計

わたしは時計を持っている
ミーヤも時計を持っていた
わたしの時計は動《うご》いている
でも
ミーヤの時計はとまってしまった

時計をなくしたミーヤは
ニャーオといわない
わたしの足にすりすりもしない
わたしのつくえにとびのって

ノートをかじったりもしない
もう
ミーヤはなにもしない

時計をなくしたミーヤは
ときどき
わたしの時計のなかにやってくる
わたしがミーヤのことを
思いだすたびに
わたしの時計のなかにやってくる
わたしの時計が動いているかぎり
わたしのなかで生きている
わたしはミーヤをわすれない

あとがき

朝、カーテンを開けると、道向こうの家の屋根が朱色で縁取られているのが目に入ります。その朱色が次第に薄れ大空に消えていくころ、鳥たちが少しずつ姿を見せ始めます。常連はスズメやムクドリ、ヒヨドリ、カラスたち。

朝のこの時分から、人々もそれぞれの活動を開始、通学の子どもたち、犬や猫、庭の植物たち、その陰に隠れていた虫たちも動きだします。こうした身近な日常の生活のなかで小さな感動を覚えたり、あるいは心を乱すような事柄に出会ったりします。そんな時に浮かんだ言葉を、メモとして書きとめておきます。小さなひとことは、その時の心の動きを思い起こさせる手がかりとなります。後日、それらを少しずつまとめたのが、このような詩になりました。

この詩集をつくるにあたり、夫が絵に描きおこしてくれました。ふたりで取り組むという初めての作業もよい経験となり、夫の協力はありがたいことでした。

これらをまとめて詩集にしてくださった柴崎俊子様、銀の鈴社の皆様に心より感謝申し上げます。

二〇二五年三月吉日

佐伯道子

詩　佐伯　道子（さえき・みちこ）

1942年　茨城県生まれ
1977年　後藤楢根の日本童話会入会。
　　　　会誌『童話』に作品を発表。
1991年　「ぼくのなまえ」（第11回カネボウ・ミセス童話大賞優秀賞）
1994年　「おとうさんのえぷろん」（家の光童話賞佳作）
日本児童文学者協会会員
　協会の編著に、「あいつのアカンベエ」（偕成社『新子どもの広場4年生』所収）、「二年生だもん」（偕成社『おはなし二年生④』所収）、「おとうさんのへんしんベルト」（童心社『おはなし宅急便』所収）、「トモエゴゼン」（ポプラ社『元気がでる童話1年生』所収）、「時を集めるネコ」（文溪堂『きらきら宝石箱④』所収）等々。
2007年より、東京展美術協会【東京展】（絵本の部屋）に、毎年手作り絵本を出展。
2011年より、『子どものための少年詩集』（銀の鈴社）に少年詩が掲載されている。

絵　佐伯　眞人（さえき・まひと）

1940年生まれ
愛知県・埼玉県・東京都で、高等学校・中学校の教壇に立つ（社会科）。
文部省勤務を経て、最終職歴は富山大学教授。
定年退職後、カルチャーで水彩画を習い、絵を描くことを楽しんでいる。

NDC911
神奈川　銀の鈴社　2025
81頁　21cm（小鳥たちからのプレゼント）

ジュニアポエムシリーズ　322
2025年5月5日初版発行
本体1,600円＋税

小鳥たちからのプレゼント

著　　者　佐伯　道子© 佐伯　眞人・絵©
発 行 者　西野大介
編集発行　㈱銀の鈴社 TEL 0467-61-1930　FAX 0467-61-1931
〒248-0017 神奈川県鎌倉市佐助1-18-21万葉野の花庵
https://www.ginsuzu.com
E-mail info@ginsuzu.com

ISBN978－4－86618－181－3 C8092
落丁・乱丁本はお取り替え致します
印刷　電算印刷
製本　渋谷文泉閣

…ジュニアポエムシリーズ…

No.	著者	書名	備考
1	鈴木敏史詩集　宮下琢郎・絵	星の美しい村	★☆
2	小池知子詩集　高志孝子・絵	おにわいっぱいぼくのなまえ	★☆
3	鶴岡千代子詩集　武田淑子・絵	白い虹	児文芸新人賞
4	楠木しげお詩集　久保雅勇・絵	カワウソの帽子	
5	津坂治男詩集　垣内美穂・絵	大きくなったら	★◇
6	後藤れい子詩集　山本まつ子・絵	あくたれぼうずのかぞえうた	
7	北村蔦子詩集　柿本幸造・絵	あかちんらくがき	
8	吉田瑞穂詩集　吉田翠・絵	しおまねきと少年	⊠★◎
9	新川和江詩集　葉祥明・絵	野のまつり	★☆
10	阪田寛夫詩集　織茂恭子・絵	夕方のにおい	◈★☆○
11	高田敏子詩集　若山憲・絵	枯れ葉と星	★☆
12	原田直友詩集　吉田翠・絵	スイッチョの歌	★◎
13	小林純一詩集　久保雅勇・絵	茂作じいさん	◉★☆♪◎
14	谷川俊太郎詩集　長新太・絵	地球へのピクニック	★◎◇
15	与田準一詩集　深沢省三・深沢紅子・絵	ゆめみることば	★
16	岸田衿子詩集　中谷千代子・絵	だれもいそがない村	
17	江間章子詩集　榊原直美・絵	水と風	◇◎
18	原田直友詩集　小野まり・絵	虹―村の風景―	★
19	福田正夫詩集　福田達夫・絵	星の輝く海	★☆
20	草野心平詩集　長野ヒデ子・絵	げんげと蛙	★☆○◇
21	宮田滋子詩集　青木まさる・絵	手紙のおうち	☆○
22	久保田昭三詩集　斎藤彬子・絵	のはらでさきたい	
23	鶴岡千代子詩集　加倉井和夫・武田淑子・絵	白いクジャク	★♪
24	尾上尚子詩集　まど・みちお・絵	そらいろのビー玉	★☆ 児文協新人賞
25	水上紅詩集　深沢紅子・絵	私のすばる	☆
26	野呂昶詩集　福島一二三・絵	おとのかだん	★
27	こやま峰子詩集　武田淑子・絵	さんかくじょうぎ	☆
28	青戸かいち詩集　駒宮録郎・絵	ぞうの子だって	
29	まきたかし詩集　福田達夫・絵	いつか君の花咲くとき	★☆♡
30	薩摩忠詩集　駒宮録郎・絵	まっかな秋	★☆♡
31	新川和江詩集　福島一二三・絵	ヤァ！ヤナギの木	★☆○♡
32	井上靖詩集　駒宮録郎・絵	シリア沙漠の少年	★☆♡
33	古村徹三詩・絵	笑いの神さま	
34	江上波夫詩集　青空風太郎・絵	ミスター人類	○☆
35	秋原秀夫詩集　鈴木義治・絵	風の記憶	★◎
36	水村三千夫詩集　武田淑子・絵	鳩を飛ばす	
37	久冨純江詩集　渡辺安芸夫・絵	風車　クッキングポエム	
38	日野生三詩集　吉野晃希男・絵	雲のスフィンクス	★
39	佐藤雅子詩集　佐藤太清・広瀬きよみ・絵	五月の風	★
40	小黒恵子詩集　武田淑子・絵	モンキーパズル	★
41	木村信子詩集　山本典子・絵	でていった	
42	中野栄子詩集　吉田翠・絵	風のうた	☆
43	宮田滋子詩集　牧村慶子・絵	絵をかく夕日	★
44	大久保テイ子詩集　渡辺安芸夫・絵	はたけの詩	★☆
45	秋原秀夫詩集　赤星亮衛・絵	ちいさなともだち	♥

☆日本図書館協会選定（2015年度で終了）　♪日本童謡賞　♧岡山県選定図書　◇岩手県選定図書
★全国学校図書館協議会選定（SLA）　♡日本子どもの本研究会選定　◆京都府選定図書
□少年詩賞　■茨城県すいせん図書　♥秋田県選定図書　⊠芸術選奨文部大臣賞
○厚生省中央児童福祉審議会すいせん図書　♣愛媛県教育会すいせん図書　◉赤い鳥文学賞　◈赤い靴賞

…ジュニアポエムシリーズ…

- 46 日友靖子詩集 藤城清治・安西明美・絵 猫曜日だから ◆☆
- 47 秋葉てる代詩集 武田淑子・絵 ハープムーンの夜に ♡
- 48 こやま峰子詩集 山本省三・絵 はじめのいーっぽ ★♡
- 49 黒柳啓子詩集 金子滋・絵 砂かけ狐 ♡
- 50 三枝ますみ詩集 武田淑子・絵 ピカソの絵 ☆♡♪
- 51 夢虹二詩集 武田淑子・絵 とんぼの中にぼくがいる ♡○♥
- 52 はたちよしこ詩集 まど・みちお・絵 レモンの車輪 □♧
- 53 大岡信詩集 葉祥明・絵 朝の頌歌 ★☆♡♥◎
- 54 吉田瑞穂詩集 吉田翠・絵 オホーツク海の月 ★☆♡
- 55 さとう恭子詩集 村上保・絵 銀のしぶき ★☆♡
- 56 星乃ミミナ詩集 葉祥明・絵 星空の旅人 ★☆♡
- 57 葉祥明詩・絵 ありがとう そよ風 ★♡▲
- 58 青戸かいち詩集 初山滋・絵 双葉と風
- 59 小野ルミ詩集 和田誠・絵 ゆきふるるん ★☆♪♡
- 60 なぐもはるき詩・絵 たったひとりの読者 ★♡♧
- 61 小関秀夫詩集 小倉玲子・絵 風《かざ》栞《しおり》 ★♡♥
- 62 海沼松世詩集 守下さおり・絵 かげろうのなか ☆♡
- 63 山本龍生詩集 小倉玲子・絵 春行き一番列車 ♡
- 64 小泉周二詩集 深沢省三・絵 こもりうた ★☆♡
- 65 かわてせいぞう詩集 若山憲・絵 野原のなかで ♡★♥
- 66 えぐちまき詩集 赤星亮衛・絵 ぞうのかばん ♡◆♥
- 67 池田あきつ詩集 小倉玲子・絵 天気雨 ♡
- 68 藤井則行詩集 君島美知子・絵 友へ ♡♤
- 69 藤哲生詩集 武田淑子・絵 秋いっぱい ★♠
- 70 日友靖子詩集 深沢紅子・絵 花天使を見ましたか ★
- 71 吉田瑞穂詩集 吉田翠・絵 はるおのかきの木 ★
- 72 小島禄琅詩集 中村陽子・絵 海を越えた蝶 ☆★♥♡
- 73 にしおまさこ詩集 杉田幸子・絵 あひるの子 ★
- 74 山下竹二詩集 徳田徳志芸・絵 レモンの木 ★
- 75 高崎乃理子詩集 奥山英俊・絵 おかあさんの庭 ★♡
- 76 檜きみこ詩集 広瀬弦・絵 しっぽいっぽん ★♪□☆♡
- 77 たかはしけいこ詩集 高田三郎・絵 おかあさんのにおい ♡♣□
- 78 星乃ミミナ詩集 深澤邦朗・絵 花かんむり ♥☆♡
- 79 佐藤照雄詩集 津波信久・絵 沖縄 風と少年 ☆♡★
- 80 相馬梅子詩集 やなせたかし・絵 真珠のように ♥★
- 81 小島禄琅詩集 深沢紅子・絵 地球がすきだ ★
- 82 鈴木美智子詩集 黒澤梧郎・絵 龍のとぶ村 ◇★♥
- 83 いがらしれいこ詩集 高田三郎・絵 小さなてのひら ☆
- 84 宮入黎子詩集 小倉玲子・絵 春のトランペット ☆★
- 85 下田喜久美詩集 方振寧・絵 ルビーの空気をすいました ☆
- 86 野呂昶詩集 方振寧・絵 銀の矢ふれふれ ★
- 87 ちよはらまちこ詩集 ちよはらまちこ・絵 パリパリサラダ ★
- 88 秋原秀夫詩集 徳田徳志芸・絵 地球のうた ☆★
- 89 中島あやこ詩集 井上緑・絵 もうひとつの部屋 ★
- 90 藤川こうのすけ詩集 葉祥明・絵 こころインデックス ☆

✼サトウハチロー賞
☼三木露風賞
♤福井県すいせん図書
▲神奈川県児童福祉審議会推薦優良図書
♠奈良県教育研究会すいせん図書
♧北海道選定図書
◈静岡県すいせん図書
◎学校図書館図書整備協会選定図書（SLBA）
✠毎日童謡賞
✿三越左千夫少年詩賞

…ジュニアポエムシリーズ…

- 91 新井和詩集　高田三郎・絵　おばあちゃんの手紙 ☆★
- 92 はなわたえこ詩集　えばとかつこ・絵　みずたまりのへんじ ★♪
- 93 柏木恵美子詩集　武田淑子・絵　花のなかの先生 ☆
- 94 中原千津子詩集　寺内直美・絵　鳩への手紙 ★
- 95 髙瀬美代子詩集　小倉玲子・絵　仲なおり ★
- 96 杉本深由起詩集　若山憲・絵　トマトのきぶん ☆★◎ 児文芸新人賞
- 97 宍倉さとし詩集　守下さおり・絵　海は青いとはかぎらない ♧
- 98 石井英行詩集　有賀忍・絵　おじいちゃんの友だち ■
- 99 なかのひろ詩集　アサト・シェラ・絵　とうさんのラブレター ☆★
- 100 小松静江詩集　藤川秀之・絵　古自転車のバットマン
- 101 石原一輝詩集　加藤真夢・絵　空になりたい ☆❖★
- 102 小泉周二詩集　西真里子・絵　誕生日の朝 ☆■★
- 103 くすのきしげのり童謡　わたなべあきお・絵　いちにのさんかんび ☆★
- 104 成本和子詩集　小倉玲子・絵　生まれておいで ☆★❖♡♧
- 105 伊藤政弘詩集　小倉玲子・絵　心のかたちをした化石 ★
- 106 川崎洋子詩集　井戸妙子・絵　ハンカチの木 □★☆
- 107 柘植愛子詩集　油野誠一・絵　はずかしがりやのコジュケイ ❖
- 108 新谷智恵子詩集　葉祥明・絵　風をください ☆◈☼♪♡✣
- 109 金親尚子詩集　牧進・絵　あたたかな大地 ☆
- 110 黒柳啓子詩集　吉田翠・絵　父ちゃんの足音 ☆★♡□
- 111 富田栄子詩集　油野誠一・絵　にんじん笛 ♡☆
- 112 原国子詩集　高畠純・絵　ゆうべのうちに ☆△
- 113 宇部京子詩集　スズキコージ・絵　よいお天気の日に ○□♪☆◇★
- 114 武鹿悦子詩集　牧野鈴子・絵　お花見 ☆□
- 115 山本なおこ詩集　梅田俊作・絵　さりさりと雪の降る日 ☆★
- 116 小林比呂古詩集　おおた慶文・絵　ねこのみち ☆
- 117 後藤れい子詩集　渡辺あきお・絵　どろんこアイスクリーム ☆
- 118 重清良吉詩集　高田三郎・絵　草の上 ☆□❀◆★
- 119 宮中雲子詩集　西真里子・絵　どんな音がするでしょか ✻★
- 120 前山敬子詩集　若山憲・絵　のんびりくらげ ☆★
- 121 川端律子詩集　若山憲・絵　地球の星の上で ♡
- 122 たかはしけいこ詩集　織茂恭子・絵　とうちゃん ♡❀♣★
- 123 宮田滋子詩集　深澤邦朗・絵　星の家族 ☆♪
- 124 国沢たまき詩集　唐沢静・絵　新しい空がある
- 125 池田あきつ詩集　小倉玲子・絵　かえるの国 ★
- 126 黒田恵子詩集　倉島千賀子・絵　ボクのすきなおばあちゃん ☆★♡
- 127 垣内磯子詩集　宮崎照代・絵　よなかのしまうまバス ☆♡★
- 128 小泉周二詩集　佐藤平八・絵　太陽へ ❀★♪☆♡
- 129 中島和子詩集　秋里信子・絵　青い地球としゃぼんだま ☆★
- 130 のろさかん詩集　福島一二三・絵　天のたて琴 ☆
- 131 加藤丈夫詩集　葉祥明・絵　ただ今 受信中 ☆★
- 132 北原悠子詩集　深沢紅子・絵　あなたがいるから ♡
- 133 池田もと子詩集　小倉玲子・絵　おんぷになって ♡
- 134 鈴木初江詩集　吉田翠・絵　はねだしの百合 ★
- 135 垣内磯子詩集　今井俊・絵　かなしいときには ★

△長野県教育委員会すいせん図書　☆㈶日本動物愛護協会推薦図書
◈茨城県推奨図書　●児童ペン賞

…ジュニアポエムシリーズ…

- 136 秋葉てる代詩集　やなせたかし・絵　おかしのすきな魔法使い ♪★
- 137 青戸かいち詩集　永田萠・絵　小さなさようなら ❀★
- 138 柏木恵美子詩集　高田三郎・絵　雨のシロホン ♡★
- 139 藤井則行詩集　阿見みどり・絵　春だから ♡★◎
- 140 黒田勲子詩集　山中冬児・絵　いのちのみちを
- 141 南郷芳明詩集　的場豊子・絵　花時計
- 142 やなせたかし詩・絵　生きているってふしぎだな
- 143 内田麟太郎詩集　斎藤隆夫・絵　うみがわらっている
- 144 しまざきふみ詩集　島崎奈緒・絵　こねこのゆめ ♡
- 145 糸永えつこ詩集　武井武雄・絵　ふしぎの部屋から ♡
- 146 石坂きみこ詩集　鈴木英二・絵　風の中へ ♡
- 147 坂本のこ詩集　坂本こう・絵　ぼくの居場所 ♡
- 148 島村木綿子詩・絵　森のたまご ❀
- 149 楠木しげお詩集　わたせせいぞう・絵　まみちゃんのネコ ★
- 150 牛尾良子詩集　上矢津・絵　おかあさんの気持ち ♡
- 151 三越左千夫詩集　阿見みどり・絵　せかいでいちばん大きなかがみ ★
- 152 水村三千夫詩集　高見八重子・絵　月と子ねずみ
- 153 川越文子詩集　横松桃子・絵　ぼくの一歩ふしぎだね ★
- 154 すずきゆかり詩集　葉祥明・絵　まっすぐ空へ
- 155 西田純詩集　葉祥明・絵　木の声水の声
- 156 清野倭文子詩集　水科舞・絵　ちいさな秘密《ひみつ》
- 157 川奈静詩集　直江みちる・絵　浜ひるがおはパラボラアンテナ ★◎
- 158 若木良水詩集　西真里子・絵　光と風の中で
- 159 牧陽子詩集　渡辺あきお・絵　ねこの詩 ★◎
- 160 宮田滋子詩集　阿見みどり・絵　愛一輪 ★◎
- 161 井上灯美子詩集　唐沢静・絵　ことばのくさり ☆♪
- 162 滝波万理子詩集　滝波裕子・絵　みんな王《おう》様《さま》 ★♪
- 163 冨岡みち詩集　関口コオ・絵　かぞえられへんせんぞさん ★
- 164 垣内磯子詩集　辻恵子・切り絵　緑色のライオン ★◎
- 165 すぎもとれいこ詩集　平井辰夫・絵　ちょっといいことあったとき ★
- 166 岡田喜代子詩集　おぐらひろかず・絵　千年の音 ★☆◎
- 167 川奈静詩集　直江みちる・絵　ひもの屋さんの空 ★◎☆♥♡
- 168 鶴岡千代子詩集　武田淑子・絵　白い花火 ★☆
- 169 井上灯美子詩集　唐沢静・絵　ちいさい空をノックノック ★◎☆
- 170 尾崎杏子詩集　ひなた山すじゅう郎・絵　海辺のほいくえん ☆♡★◎
- 171 柘植愛子詩集　やなせたかし・絵　たんぽぽ線路 ☆♡★◎♪
- 172 小林比呂古詩集　うめざわのりお・絵　横須賀スケッチ ☆★◎♡▲
- 173 林佐知子詩集　串田敦子・絵　きょうという日 ☆★◎♡▲
- 174 後藤基宗子詩集　岡澤由紀子・絵　風とあくしゅ ☆♥★◎♡
- 175 土屋律子詩集　高瀬のぶえ・絵　るすばんカレー ☆♡★◎▲
- 176 三輪アイ子詩集　深沢邦朗・絵　かたぐるましてよ ★☆♡
- 177 田辺瑞美子詩集　西真里子・絵　地球賛歌 ☆★◎
- 178 高瀬美代子詩集　小倉玲子・絵　オカリナを吹く少女 ☆♡
- 179 中野惠子詩集　串田敦子・絵　コロポックルでておいで ★♡☆♪
- 180 松井節子詩集　阿見みどり・絵　風が遊びにきている ★☆♡▲

…ジュニアポエムシリーズ…

181 新谷智恵子詩集 徳田徳志芸・絵 とびたいペンギン 佐世保文学賞 ♡★◎▲
182 牛尾良子詩集 牛尾征治・写真 庭のおしゃべり ♡★◎
183 三枝ますみ詩集 髙見八重子・絵 サバンナの子守歌 ☆★
184 佐藤雅子詩集 佐藤太清 菊池治子・絵 空の牧《まき》場《ば》 ☆★♡■◎◈
185 山内弘子詩集 おぐらひろかず・絵 思い出のポケット ♡★♪
186 山内弘子詩集 阿見みどり・絵 花の旅人 ♡★▲
187 原国子詩集 牧野鈴子・絵 小鳥のしらせ ♡★△◎
188 人見敬子詩・絵 方《はこ》舟《ぶね》地球号 ―いのちは元気― ♡★◎
189 林佐知子詩集 串田敦子・絵 天にまっすぐ ★☆♡◎
190 小臣富子詩集 渡辺あきお・絵 わんさかわんさかどうぶつさん ✡♡★◎
191 川越文子詩集 かまだちえみ・写真 もうすぐだからね ♡★◎
192 永田喜久男詩集 武田淑子・絵 はんぶんごっこ ☆★◎♡
193 吉田房子詩集 大和田明代・絵 大地はすごい ★◎♡▲
194 石井春香詩集 髙見八重子・絵 人魚の祈り ★♡
195 石原一輝詩集 小倉玲子・絵 雲のひるね ♡

196 たかはしけいこ詩集 髙橋敏彦・絵 そのあと ひとは ★
197 宮田滋子詩集 おおた慶文・絵 風がふく日のお星さま ★♡◎
198 渡辺恵美子詩集 つるみゆき・絵 空をひとりじめ ★♡♪
199 宮中雲子詩集 西真里子・絵 手と手のうた ★
200 杉本深由起詩集 太田大八・絵 漢字のかんじ ★♡❀
201 井上灯美子詩集 唐沢静・絵 心の窓が目だったら ★♡
202 峰松晶子詩集 おおた慶文・絵 きばなコスモスの道 ★♡
203 高橋文子詩集 山中桃子・絵 八丈太鼓 ★♡
204 長野貴子詩集 武田淑子・絵 星座の散歩 ★♡
205 江口正子詩集 髙見八重子・絵 水の勇気 ♡☆★
206 藤本美智子詩・絵 緑のふんすい ☆♡★
207 林佐知子詩集 串田敦子・絵 春はどどど ♡★◎
208 小関秀夫詩集 阿見みどり・絵 風のほとり ☆♡★▲
209 宗美津子詩集 宗信寛・絵 きたのもりのシマフクロウ ♡★
210 かわてせいぞう詩集 髙橋敏彦・絵 流れのある風景 ☆♡★

211 土屋律子詩集 髙瀬のぶえ・絵 ただいまぁ ★♡☆◎▲
212 永田喜久男詩集 武田淑子・絵 かえっておいで ☆♡★
213 みたみちこ詩集 牧進・絵 いのちの色 ♡★
214 糸永えつこ詩集 糸永わかこ・絵 母です 息子です おかまいなく ♡☆★
215 宮田滋子詩集 武田淑子・絵 さくらが走る ♡☆★♪
216 柏木恵美子詩集 吉野晃希男・絵 ひとりぼっちの子クジラ ♡★◎
217 江口正子詩集 髙見八重子・絵 小さな勇気 ♡☆★
218 井上灯美子詩集 唐沢静・絵 いろのエンゼル ★♡
219 中島あやこ詩集 日向山寿十郎・絵 駅伝競走 ★☆♡
220 高橋孝治詩集 髙見八重子・絵 空の道 心の道 ★♡
221 江口正子詩集 日向山寿十郎・絵 勇気の子 ♡☆★
222 宮田滋子詩集 牧野鈴子・絵 白鳥よ ☆★
223 井上良子詩集・銅版画 太陽の指環 ★
224 川越文子詩集 山中桃子・絵 魔法のことば ♡☆★
225 西本みさこ詩集 上司かのん・絵 いつもいっしょ ☆♡

…ジュニアポエムシリーズ…

226 おばらいちこ詩集 高見八重子・絵 ぞうのジャンボ ☆★♡
227 吉田房子詩集 本田あまね・絵 まわしてみたい石臼 ★♡
228 吉田房子詩集 阿見みどり・絵 花 詩 集 ★♡◎
229 田中たみ子詩集 唐沢静・絵 へこたれんよ ★◎
230 林佐知子詩集 串田敦子・絵 この空につながる ★♡
231 藤本美智子 詩・絵 心のふうせん ★♡
232 火星雅範詩集 西川律子・絵 ささぶねうかべたよ ★♡▲
233 吉田房子詩集 岸田歌子・絵 ゆりかごのうた ★♡
234 むらかみみちこ詩集 むらかみみちこ・絵 むらかみあくる 風のゆうびんやさん ★♡
235 白谷玲花詩集 阿見みどり・絵 柳川白秋めぐりの詩 ★♡
236 ほさかとしこ詩集 内山つとむ・絵 神さまと小鳥 ★☆♡
237 内田麟太郎詩集 長野ヒデ子・絵 まぜごはん ☆★◎♡▲
238 小林比呂古詩集 出口雄大・絵 きりりと一直線 ♡★
239 牛尾良子詩集 おぐらひろかず・絵 うしの土鈴とうさぎの土鈴 ★◎♡
240 山本純子詩集 ルイコ・絵 ふ ふ ふ ★♡☆◎

241 神田亮 詩・絵 天使の翼 ★☆♡
242 かんざわみえ詩集 阿見みどり・絵 子供の心大人の心さ迷いながら ☆★◎▲
243 永田喜久男詩集 内山つとむ・絵 つながっていく ★☆♡
244 浜野木碧 詩・絵 海 原 散 歩 ☆★◎♡
245 やまうち・しゅうへい詩集 山本省三・絵 風のおくりもの ☆★◎♡
246 すぎもとれいこ 詩・絵 てんきになあれ ★◎
247 冨岡みち詩集 加藤真夢・絵 地球は家族 ひとつだよ ♡☆◎★
248 北野千賀詩集 滝波裕子・絵 花束のように ♡☆★◎
249 石原一輝詩集 加藤真夢・絵 ぼくらのうた ♡★◎
250 土屋律子詩集 高瀬のぶえ・絵 まほうのくつ ♡☆★◎▲
251 津坂治男詩集 井上良子・絵 白い太陽 ☆♡★◎
252 石井英行詩集 よしだちなつ・表紙絵 野原くん ☆★♡◎▲
253 井上灯美子詩集 唐沢静・絵 たからもの ☆♡★
254 大竹典子詩集 加藤真夢・絵 おたんじょう ☆★
255 たかはしけいこ詩集 織茂恭子・絵 流 れ 星 ★♡

256 谷川俊太郎詩集 下田昌克・絵 そ し て ♡★◎
257 なんば・みちこ詩集 布下満・絵 トックントックン 大空で大地で ★◎
258 宮本美智子詩集 阿見みどり・絵 夢の中に そっと ★◎♡
259 成本和子詩集 阿見みどり・絵 天使の梯子 ★◎
260 海野文音詩集 牧野鈴子・絵 ナンドデモ ★♡
261 熊谷本郷詩集 永田萠・絵 かあさん かあさん ★♡
262 大楠翠詩集 吉野晃希男・絵 おにいちゃんの紙飛行機 ★♡♪
263 久保恵子詩集 たかせちなつ・絵 わたしの心は 風に舞う ★♡
264 みずかみさやか詩集 葉祥明・絵 五月の空のように ★♡
265 尾崎昭代詩集 中辻アヤ子・絵 たんぽぽの日 ★
266 はやしゆみ詩集 渡辺あきお・絵 わたしはきっと小鳥 ★
267 田沢節子詩集 永田萠・絵 わき水ぷっくん △★♡
268 柘植愛子詩集 そねはらまさえ・絵 赤いながぐつ ★♡
269 馬場与志子詩集 日向山寿十郎・絵 ジャンケンポンでかくれんぼ ♡★
270 内田麟太郎詩集 高畠純・絵 たぬきのたまご ★●♡

…ジュニアポエムシリーズ…

271 むらかみみちこ 詩・絵 家族のアルバム ★♡
272 井上和子詩集 吉田瑠美・絵 風のあかちゃん ★♡
273 佐藤一志詩集 日向山寿十郎・絵 自然の不思議 ♡★
274 小沢千恵 詩・絵 やわらかな地球 ♡★
275 あべこうぞう詩集 大谷さなえ・絵 生きているしるし ♡★
276 宮田滋子詩集 田中槇子・絵 チューリップのこもりうた ★♡
277 林佐知子詩集 葉祥明・絵 空の日 ★♡
278 いしがいようこ 詩・絵 ゆれる悲しみ ★♡
279 村瀬保子詩集 武田淑子・絵 すきとおる朝 ♡★
280 あわのゆりこ詩集 高畠純・絵 まねっこ ★♡
281 川越文子詩集 福田岩緒・絵 赤い車 ★♡
282 白石はるみ詩集 かないゆみこ・絵 エリーゼのために ★♡
283 尾崎杏子詩集 日向山寿十郎・絵 ぼくの北極星 ♡★
284 壱岐梢詩集 葉祥明・絵 ここに ★
285 野口正路詩集 山手正彦・絵 光って生きている ★◎

286 樋口てい子詩集 串田敦子・絵 ハネをもったコトバ ★◎
287 火星雅範詩集 西川律子・絵 ささぶねにのったよ
288 大楠翠詩集 吉野晃希男・絵 はてなとびっくり ★◎
289 大澤清詩集 阿見みどり・絵 組曲 いかに生きるか ★
290 たかはしけいこ詩集 織茂恭子・絵 いっしょ ★♡◎
291 内田麟太郎詩集 大野八生・絵 なまこのぽんぽん ★◎○
292 はやしゆみ詩集 はなてる・絵 こころの小鳥 ♡★◎
293 いしがいようこ 詩・絵 あ・そ・ぼ！ ★♡◎
294 帆草とうか 詩・絵 空をしかくく 切りとって ★♡
295 土屋律子詩集 吉野晃希男・絵 コピーロボット ★◎♡
296 川上佐貴子詩集 はなてる・絵 アジアのかけ橋 ♡★◎
297 西沢杏子詩集 東逸子・絵 さくら貝とプリズム ♡★◎
298 鈴木初江詩集 小倉玲子・絵 めぐりめぐる水のうた ★◎
299 白谷玲花詩集 牧野鈴子・絵 母さんのシャボン玉 ◎★
300 ゆふ あきら詩集 ゆふくみこ・やまぐちかおる・絵 すずめのバスケ ♡★◎

301 半田信和詩集 吉野晃希男・絵 ギンモクセイの枝先に ★◎
302 弓削田健介詩集 葉祥明・絵 優《やさ》しい詩《うた》のお守《まも》りを ★♡
303 内田麟太郎詩集 井上コトリ・絵 たんぽぽ ぽぽぽ ★◎♡
304 宮本美智子詩集 阿見みどり・絵 水色の風の街 ★◎♡
305 星野良一詩集 ながしまよいち・絵 星の声、星の子へ ◎♡★
306 うたかいずみ詩集 しんやゆう子・絵 あしたの木 ♪♡★◎
307 藤本美智子 詩・絵 木の気分 ♡★◎
308 大迫弘和詩集 葉祥明・絵 ルリビタキ ★◎
309 林佐知子詩集 高見八重子・絵 いのちの音 ★
310 森木林詩集 葉祥明・絵 あたたかな風になる ★♡
311 内田麟太郎詩集 かみやしん・絵 たちつてと ★♡
312 星野良一詩集 ながしまよいち・絵 スターライト ★◎♡
313 雨森政恵詩集 おむらまりこ・絵 いのちの時間 ★◎
314 神内八重詩集 田辺玲・絵 あたま なでてもろてん ★◎
315 網野秋詩集 西川律子・絵 ことばの香り ★

ジュニアポエムシリーズは、子どもにもわかる言葉で真実の世界をうたう個人詩集のシリーズです。

本シリーズからは、毎回多くの作品が教科書等の掲載詩に選ばれており、1974年以来、全国の小・中学校の図書館や公共図書館等で、長く、広く、読み継がれています。

心を育むポエムの世界。

一人でも多くの子どもや大人に豊かなポエムの世界が届くよう、ジュニアポエムシリーズはこれからも小さな灯をともし続けて参ります。

316 イイジマヨシオ詩集 ねむの木学園のこどもたち・絵 木のなかの時間 ★◎
317 藤本美智子 詩・絵 わたしの描いた詩 ★◎
318 帆草とうか 詩・絵 その日、少女は 少年は Ⅰ ★
319 帆草とうか 詩・絵 その日、少女は 少年は Ⅱ ★
320 いのまたみちこ詩集 串田 敦子・絵 ありがとうの花 ◎
321 にしかわとよこ詩集 おむらまりこ・絵 線路わきの子やぎ
322 佐伯 道子詩集 佐伯 眞人・絵 小鳥たちからのプレゼント

＊刊行の順番はシリーズ番号と異なる場合があります。

銀の小箱シリーズ　四六変型

- 葉　祥明　詩・絵　小さな庭
- 若山　憲　詩・絵　白い煙突
- こばやしひろこ・詩　うめざわのりお・絵　みんななかよし
- 江口　正子・詩　油野　誠一・絵　みてみたい
- やなせたかし　詩・絵　あこがれよなかよくしよう
- 冨岡　みち・詩　関口　コオ・絵　ないしょやで
- 小林比呂古・詩　神谷　健雄・絵　花かたみ
- 小泉　周二・詩　辻　友紀子・絵　誕生日・おめでとう
- 柏原　耿子・詩　阿見みどり・絵　アハハ・ウフフ・オホホ★♡▲
- こばやしひろこ・詩　うめざわのりお・絵　ジャムパンみたいなお月さま★▲

小さな詩の絵本　オールカラー・A6判

- 内田麟太郎・詩　たかすかずみ・絵　いっしょに　♡★◎

すずのねえほん　B5判・A4変型版

- たかはしけいこ・詩　中釜浩一郎・絵　わたし★◎
- 尾上　尚子・詩　小倉　玲子・絵　ぽわぽわん
- 糸永えつこ・詩　高見八重子・絵　はる なつ あき ふゆ もうひとつ★ 児文芸新人賞
- 山口　敦子・詩　高橋　宏幸・絵　ばあばとあそぼう
- あらい・まさはる・童謡　しのはらはれみ・絵　けさいちばんのおはようさん
- 佐藤　雅子・詩　佐藤　太清・絵　こもりうたのように♪ 美しい日本の12ヵ月 日本童謡賞
- 柏木　隆雄・詩　やなせたかし他・絵　かんさつ日記★♡
- マリウス・マルツィンケヴィチウス・詩　ラサ・ヤンチャウスカイテ・絵　きむらあや・訳　ちいさな　ちいさな♡◎★

銀の鈴文庫　文庫サイズ・A6判

- 小沢　千恵・詩　下田　昌克・絵　あのこ　♡▲

アンソロジー　A5判

- 渡辺　浦人・編　村上　保・絵　赤い鳥　青い鳥♪
- わたげの会・編　渡辺あきお・絵　花ひらく★
- 木曜会・編　西　真里子・絵　いまも星はでている★
- 木曜会・編　西　真里子・絵　いったりきたり♡
- 木曜会・編　西　真里子・絵　宇宙からのメッセージ
- 木曜会・編　西　真里子・絵　地球のキャッチボール★◎
- 木曜会・編　西　真里子・絵　おにぎりとんがった☆★◎
- 木曜会・編　西　真里子・絵　みぃーつけた♡★◎
- 木曜会・編　西　真里子・絵　ドキドキがとまらない
- 木曜会・編　西　真里子・絵　神さまのお通り★
- 木曜会・編　西　真里子・絵　公園の日だまりで★♡
- 木曜会・編　西　真里子・絵　ねこがのびをする♡★

掌の本　アンソロジー　A7判

- こころの詩Ⅰ　品切
- しぜんの詩Ⅰ
- いのちの詩Ⅰ　品切
- ありがとうの詩Ⅰ　品切
- 詩集　希望
- 詩集　家族
- いのちの詩集―いきものと野菜
- ことばの詩集―方言と手紙
- 詩集―夢・おめでとう
- 詩集―ふるさと・旅立ち

掌の本　A7判

- 森埜こみち・詩　こんなときは！